U0887442

Changban Rezaisheng Liqing Hunheliao Shengchan Jishu Guifan

厂拌热再生沥青混合料生产技术规范

云南省公路开发投资有限责任公司
云南云岭高速公路养护绿化工程有限公司
长安大学　主　编
福建铁拓机械有限公司
云南昆玉高速公路开发有限公司

人民交通出版社股份有限公司

图书在版编目(CIP)数据

厂拌热再生沥青混合料生产技术规范 / 云南省公路开发投资有限责任公司等主编. — 北京 : 人民交通出版社股份有限公司，2014.7

ISBN 978-7-114-11578-3

Ⅰ.①厂… Ⅱ.①云… Ⅲ.①沥青拌和料—生产技术—技术规范 Ⅳ.①U414.7-65

中国版本图书馆 CIP 数据核字(2014)第 168242 号

云南省地方标准

书　　名: **厂拌热再生沥青混合料生产技术规范**
著 作 者: 云南省公路开发投资有限责任公司
云南云岭高速公路养护绿化工程有限公司
长安大学、福建铁拓机械有限公司
云南昆玉高速公路开发有限公司
责任编辑: 刘永芬
出版发行: 人民交通出版社股份有限公司
地　　址: (100011)北京市朝阳区安定门外外馆斜街 3 号
网　　址: http://www.ccpress.com.cn
销售电话: (010)59757973
总 经 销: 人民交通出版社股份有限公司发行部
经　　销: 各地新华书店
印　　刷: 北京市密东印刷有限公司
开　　本: 880×1230　1/16
印　　张: 1
字　　数: 20 千
版　　次: 2014 年 7 月　第 1 版
印　　次: 2014 年 7 月　第 1 次印刷
书　　号: ISBN 978-7-114-11578-3
定　　价: 10.00 元

目　　次

前　言

本标准按照GB/T 1.1—2009《标准化工作导则　第1部分:标准的结构和编写》给出的规则起草。

本标准由云南省交通运输厅提出。

本标准由云南省交通标准化技术委员会(YNTC 13)归口。

本标准起草单位:云南省公路开发投资有限责任公司、云南云岭高速公路养护绿化工程有限公司、长安大学、福建铁拓机械有限公司、云南昆玉高速公路开发有限公司。

本标准主要起草人:李国锋、母其章、蒋鹤、刘洪海、马登成、冯义虎、严恒、沈盼、曹亚平、付晓奋、黄江威、白玲、郭淳、幸建升、邬式君、马骏、杨俊杰、陈新轩、康敬东、丁智勇、王希仁、苏原豊、高岱乐。

厂拌热再生沥青混合料生产技术规范

1 范围

本标准规定了厂拌热再生沥青混合料生产设备技术性能要求、RAP 的处理与管理、RAP 质量评价、生产要求、拌制质量及其他要求等内容。

本标准适用于厂拌热再生沥青混合料的生产。

2 规范性引用文件

下列文件对于本文件的应用是必不可少的。凡是注日期的引用文件，仅注日期的版本适用于本文件。凡是不注日期的引用文件，其最新版本(包括所有的修改单)适用于本文件。

GB 5226.1 机械安全 机械电气设备 第1部分:通用技术条件(IEC 60204-1:2005,IDT)

GB/T 10595 带式输送机

GB 20178 土方机械 安全标志和危险图示 通则

JTG E20 公路工程沥青及沥青混合料试验规程

JTG E42 公路工程集料试验规程

JTG E60 公路路基路面现场测试规程

JTG F40 公路沥青路面施工技术规范

JTG F41 公路沥青路面再生技术规范

3 术语和定义

下列术语和定义适用于本文件。

3.1

回收沥青路面材料(RAP)

采用铣刨、开挖等方式从旧沥青路面上获得的沥青混合料，简称 RAP。

3.2

厂拌热再生沥青混合料

将运送到拌和厂(场、站)的回收沥青路面材料(RAP)，经过破碎、筛分，以一定的比例与新集料、新沥青、再生剂(必要时)等拌制而成的沥青混合料。

3.3

RAP 热料暂存仓

设置在烘干筒和搅拌器之间，用于暂时存放热 RAP 的保温料仓。

4 生产设备技术性能要求

4.1 系统组成

生产设备系统应主要由 RAP 破碎筛分系统、RAP 供给系统、燃烧器、RAP 烘干加热滚筒、废气处理系统、RAP 热料暂存仓、再生剂储存装置、计量装置、配料和温控系统、搅拌器、计算机和电气控制系统等组成。

4.2 RAP 破碎筛分系统

4.2.1 破碎设备应由反击式或锤式破碎机和筛分设备组成，筛分设备应为振动筛。

4.2.2 破碎过程应使 RAP 充分分散，避免将集料压碎产生过多的细集料。

4.2.3 筛分设备应能将 RAP 筛分成不少于 3 种规格的材料，并可分离出粒径小于 4.75mm 的细料。

4.2.4 筛分设备筛出的超大规格料可循环送入破碎设备中进行再破碎。

4.3 RAP 供给系统

4.3.1 RAP 各配料斗的供料量应能按照需要无级调节，采用变频技术调节皮带机的运转速度，供料流量进行负反馈闭环控制；在每个配料斗底部应装有一个独立的流量调节装置，并能有效锁定。

4.3.2 RAP 供给系统中应安装缺料和断料报警装置，在配料斗中应安装有效的破拱装置。

4.3.3 带式输送机应符合 GB/T 10595 的相关要求，并设有自洁装置和张紧度调整装置。

4.3.4 RAP 供给系统应设置安全防护和紧急停车装置。

4.3.5 提升机出料口应设置断料与满料(堵塞)检测、报警装置。

4.3.6 RAP 供给系统的供料能力应能满足设备最大生产能力的要求。

4.3.7 配料装置、给料皮带机和提升机之间不得有漏料现象。

4.4 燃烧器

4.4.1 燃烧器应工作可靠、点火迅速、调节方便、燃烧充分稳定、火焰的大小连续可调，且应有安全点火、断火保护装置，出料温度应实现无级调控。

4.4.2 燃烧器供油管路中应设置过滤器、压力表和安全阀，燃油管路不得有泄漏。

4.4.3 重油燃烧器应配置有重油脱水、加热、过滤和储存装置。

4.4.4 燃烧器的供热能力应满足设备最大生产能力的要求。

4.4.5 燃烧器应使用介质雾化技术对燃油进行充分雾化。

4.4.6 燃烧器工作时燃油量与鼓风机风量的配合与控制应采用变频数控技术。

4.4.7 RAP 不应直接与火焰接触，宜在燃烧区配置足够大的燃烧室。

4.5 RAP 烘干加热滚筒

4.5.1 RAP 烘干加热滚筒内应设置避免 RAP 加热过程中黏附滚筒内壁及提料叶片的专用装置。

4.5.2 RAP 烘干加热滚筒出料口应安装非接触测温装置，出料温度应实现全自动控制和手动控制两种控制模式。

4.5.3 RAP 烘干加热滚筒的生产能力应满足设备最大生产能力的要求。

4.6 RAP 热料暂存仓

4.6.1 RAP 热料暂存仓应设有可靠的料位实时动态监测装置。

4.6.2 RAP 热料暂存仓应设置测温系统，并将信号送入控制室。

4.6.3 RAP 热料暂存仓的仓壁外侧应设有保温装置。

4.6.4 RAP 热料暂存仓下部和放料门应设有加热装置，加热装置可采用电加热或导热油加热方式。

4.6.5 RAP 热料暂存仓的放料门应开、关灵活，无冲击，关闭后无漏料现象。

4.6.6 RAP 热料暂存仓放料门卸料过程应能进行两段式控制，实现配料系统的粗计量和精计量。

4.7 再生剂储存装置

4.7.1 再生剂储存装置应配有加热、保温装置及搅拌装置。

4.7.2 再生剂储存装置应配有取样和卸料的排放装置。

4.7.3 再生剂储存装置应设置液位显示器和温度显示装置。

4.7.4 再生剂储存装置的储存量应保证厂拌热再生设备连续工作时间不小于 8 h。

4.8 计量、配料和温控系统

4.8.1 RAP 冷料应采用称重传感器进行流量计量，RAP 热料和再生剂均应采用称重式计量，计量准确度和配料误差应满足表 1 要求。

4.8.2 RAP 烘干加热筒出料温度检测装置应采用非接触传感器，RAP 暂存仓和除尘器温度检测装置采用热电偶或热电阻传感器。温度计量准确度和 RAP 烘干加热滚筒出料温度控制误差应满足表 1 要求。

表 1 计量准确度和配料、温控允许误差

项目		允许误差
温度计量准确度(℃)	烘干筒温度计量装置	±3.0
	回收沥青路面材料热料暂存仓温度计量装置	±1.0
	除尘器温度计量装置	±1.0
材料计量准确度(%)	回收沥青路面材料热料计量装置	±0.5
	回收沥青路面材料冷料计量装置	±0.5
	再生剂计量装置	±0.3
动态配料误差(%)	回收沥青路面材料冷料配料系统	±2.5
	回收沥青路面材料热料配料系统	±2.5
	再生剂配料系统	±2.0
RAP 烘干加热滚筒出料温度控制误差(℃)		±6.0

4.9 废气处理系统

4.9.1 RAP 烘干加热滚筒排出的废气应进行二次燃烧，防止油烟进入除尘室。

4.9.2 RAP 烘干加热滚筒排出废气的输送管道上应设置防止油烟黏结的引风装置。

4.9.3 RAP 烘干加热滚筒排出废气引风装置的风量和风压应能满足设备最大生产能力的要求，并具有风量调节系统。

4.9.4 RAP 烘干加热滚筒排出的废气进入除尘器之前的管道上应安装测温装置。

4.9.5 除尘系统应设有废气高温报警和超高温保护装置，正常工作时废气温度不超过 180 ℃，最高瞬时温度不得超过 200 ℃。

4.10 计算机和电气控制系统

4.10.1 厂拌热再生沥青混合料生产设备的电气控制系统由控制台、电力拖动系统、控制系统等组成，实现供料系统的自动调节控制、第二烘干筒加热温度的检测与自动控制、RAP热料、再生剂的称量配料和自动控制、搅拌时间自动控制、生产过程中异常情况的处理及有关数据的处理及储存与打印等功能。

4.10.2 电气控制系统应具有良好的抗电源波动、电磁、振动、温度波动等抗干扰性能，并配有对供电电源的检测装置，且应具有保护和报警功能。

4.10.3 电气控制系统应具有手动、自动运行功能，并具有联机和单机切换、故障报警、连锁保护、紧急停机功能。

4.10.4 电气控制系统中电气元件应质量可靠、工作稳定、连接牢靠，并配有专门的走线装置或措施，其绝缘性、安全性应符合 GB 5226.1 的规定，并具有良好的接地和保护措施。

5 RAP处理与管理

5.1 RAP的回收

5.1.1 RAP回收的常用方法有两种：一是采用翻松设备对旧路面翻松；二是采用铣刨机进行冷铣刨。厂拌热再生沥青混合料宜采用冷铣刨的方式进行RAP的回收。

5.1.2 翻松路面可使用推土机、路面耙松器等设备。

5.1.3 翻松过程中应注意尽量减少沥青混合料上黏附道路基层材料。

5.1.4 翻松适用于沥青路面全厚度回收，对于两层以上的路面结构层，宜采用冷铣刨机进行分层铣刨。

5.1.5 采用铣刨机铣刨沥青路面时，工作速度和铣刨转子的转速需匹配，避免铣刨后出现材料粉碎和大量增加细料的现象。

5.2 回收RAP处理

5.2.1 回收的RAP应使用推土机、装载机等设备进行充分混合，用破碎机破碎分散，不应直接使用未经预处理的RAP。

5.2.2 破碎后的RAP应筛分成三种以上规格，宜分为0～4.75mm、4.75～9.5mm、9.5～13.2mm、13.2mm以上。材料最大粒径应小于设计的沥青混合料最大公称粒径，不应有超粒径材料。

5.3 RAP管理

5.3.1 经过筛分处理的RAP转运至堆料场应均匀堆放，转运和堆放过程中应避免RAP离析。

5.3.2 不同来源、不同类型和不同结构层的RAP应进行分类储存，防止混杂。

5.3.3 RAP储存时，应搭盖大棚(不得用帆布直接覆盖料堆的方式代替大棚)，并在大棚周边建立良好的防、排水系统，避免阳光直射导致RAP受热重新结块，同时防止雨淋使RAP中含水率过高。

5.3.4 经过处理的RAP应避免长时间堆放，料仓中的RAP应及时使用。若储存时间较长时，大棚中料堆的高度不宜高于3m。RAP应根据厂拌热再生沥青混合料的生产量进行现破现用。

6 RAP质量评价

6.1 RAP质量评价项目与要求

厂拌热再生沥青混合料RAP，应满足表2要求。

表2 热再生时RAP检测项目与要求

材料	检测项目		技术要求	试验方法
RAP	含水率(%)		<3	本标准6.2～6.5规定方法
RAP	RAP级配(%)		/	本标准6.2～6.5规定方法
RAP	沥青含量(%)		/	本标准6.2～6.5规定方法
RAP	砂当量(%)		>60	本标准6.2～6.5规定方法
RAP中的沥青	25℃针入度(0.1mm)		>20	JTG E20
RAP中的沥青	60℃黏度(cSt)		/	JTG E20
RAP中的沥青	软化点(℃)		/	JTG E20
RAP中的沥青	15℃延度(cm)		/	JTG E20
RAP中的粗集料	针片状颗粒含量(%)	混合料	≤15/18(表面层/其他层)	JTG E42
RAP中的粗集料	针片状颗粒含量(%)	粒径大于9.5mm	≤12/15(表面层/其他层)	JTG E42
RAP中的粗集料	针片状颗粒含量(%)	粒径小于9.5mm	≤18/20(表面层/其他层)	JTG E42
RAP中的粗集料	压碎值(%)		≤26/28(表面层/其他层)	JTG E42
RAP中的细集料	棱角性(s)		≥30	JTG E42

注:RAP掺配比例小于20%时,RAP中的沥青性能指标可不检测。

6.2 RAP含水率

根据RAP烘干前后质量的变化,按照式(1)计算RAP中的含水率。试验方法参照JTG E42中T0305,烘箱加热温度调整为60℃恒温。

$$w=\frac{m_w-m_d}{m_d}\times 100\% \quad (1)$$

式中:m_w——RAP质量(g);

m_d——RAP烘干至恒重的质量(g)。

6.3 RAP级配

对RAP进行筛分试验,确定RAP的级配。试验方法参照JTG E42中T0327,材料加热温度调整为60℃恒温,试验采用干筛法。

6.4 RAP砂当量

用4.75mm标准筛筛除RAP中的粗颗粒,进行砂当量指标检测。试验方法按照JTG E42中T0334。

6.5 RAP的沥青含量和性质

6.5.1 按照JTG E20中T0726与T0727规定的阿布森法或旋转蒸发器法从沥青混合料中回收沥青。正式试验前应进行空白沥青标定,必要时应进行重复性和复现性试验。

6.5.2 按照JTG E20检测沥青含量和回收沥青的25℃针入度、60℃黏度、软化点、15℃延度。

6.5.3 具有下列情形之一,应进行空白沥青标定:

a) 更换阿布森或旋转蒸发器沥青回收设备时;

b) 更换三氯乙烯品种或供应商时;

c) 回收沥青性能异常时；

d) 回收沥青混合料来源发生变化时。

6.5.4 试验精度与允许误差见表3。如果试验误差超出允许误差范围，则应弃置回收沥青，重新标定、回收。

表3 试验精度与允许误差

检测项目		允许误差	备注
重复性试验	针入度(0.1mm)	≤5	对平均值的相对误差
	黏度(%)	≤10	
	软化点(℃)	≤2.5	
复现性试验	针入度(0.1mm)	≤10	对平均值的相对误差
	黏度(%)	≤15	
	软化点(℃)	≤15	

6.6 RAP中的矿料级配和集料性质

6.6.1 将抽提试验后得到的矿料烘干，待降到室温后，用标准方孔筛进行筛分试验，确定RAP中的矿料级配。RAP中的矿料级配也可采用燃烧法确定，若在燃烧过程中，集料由于高温导致破碎，则不宜采用燃烧法。

6.6.2 RAP中集料性质，按照JTG E42进行检测。

7 生产要求

7.1 原材料

RAP应满足表2要求，新集料和新沥青应满足JTG F40中对粗细集料和沥青的相关技术要求，当RAP掺配比例超过20%时，应使用再生剂或较高针入度标号的新沥青掺配调和。沥青再生剂应满足JTG F41中表4.5.1的要求。

7.2 配合比设计

厂拌热再生沥青混合料配合比设计应满足JTG F40中对沥青混合料性能的相关技术要求，配合比设计方法见JTG F41中附录B。

7.3 生产工艺

7.3.1 RAP的加热温度

RAP的加热温度宜为120℃～140℃，为了保证再生混合料的出料温度，应适当提高新集料的加热温度，但最高不宜超过200℃。

7.3.2 出料温度

厂拌热再生沥青混合料出料温度不应低于相应的普通热拌沥青混合料，RAP中的老化沥青未使用再生剂或较高针入度标号的新沥青掺配调和时，出料温度宜提高5℃～15℃。

7.3.3 拌和时间

厂拌热再生沥青混合料拌和时间由干拌时间、预拌时间与纯拌时间组成。干拌时间为RAP卸入搅拌器至开始喷再生剂的时间，宜为3s～5s；预拌时间为再生剂与RAP之间拌和、扩散、渗透所需时间，宜不少于15s；纯拌时间为所有材料加入搅拌器后的搅拌时间，宜比普通热拌沥青混合料的拌和时间延长5s～10s。

8 拌制质量及其他要求

厂拌热再生沥青混合料的拌制质量及其他要求，应符合JTG F40对热拌沥青混合料的规定，不低于对新拌沥青混合料的要求。

DB53/T 507—2013